Ausschneidebuch
Ab 3 Jahre

SCHNITT LINIE

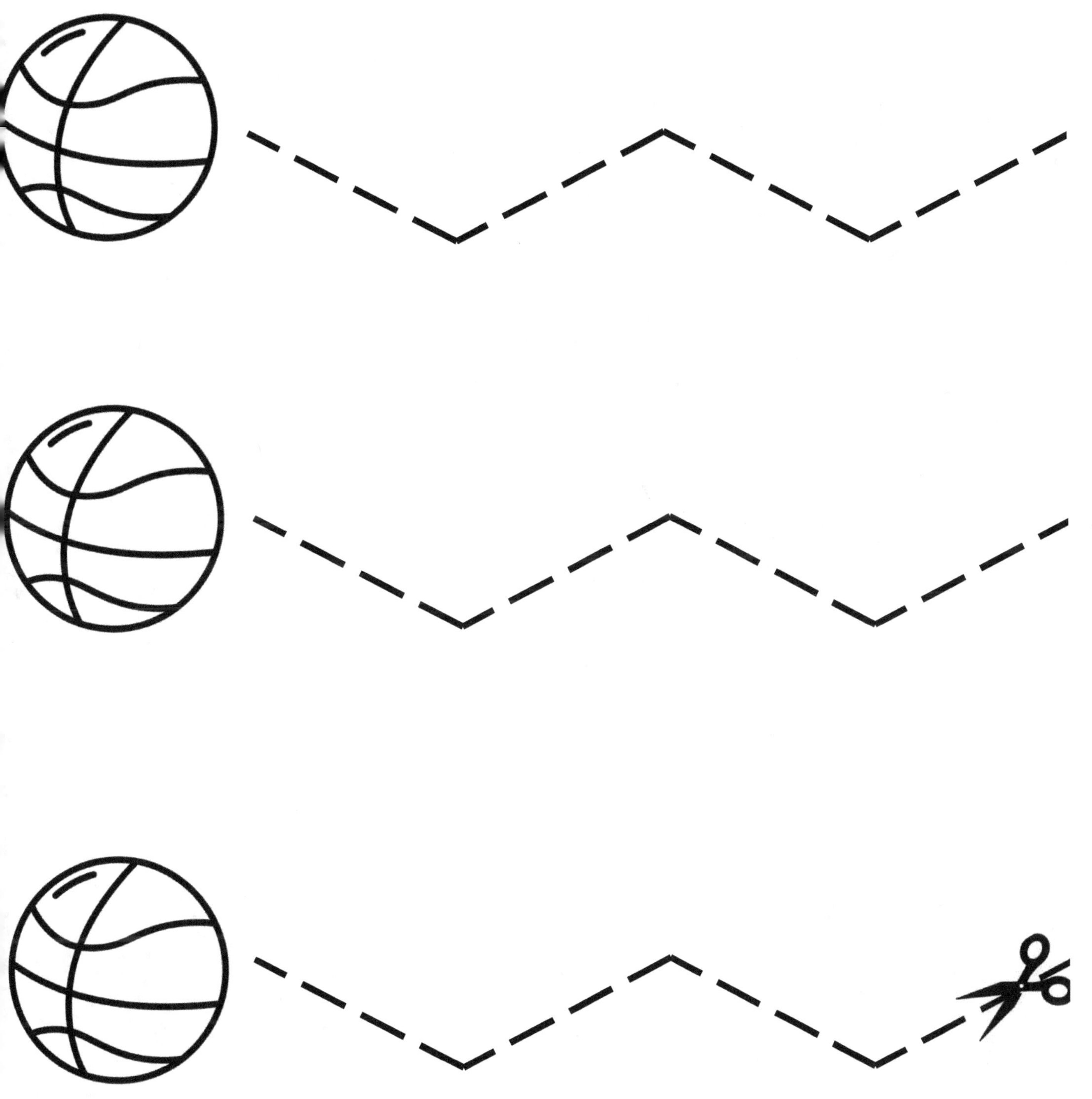

SCHNITT LINIE

SCHNITT LINIE

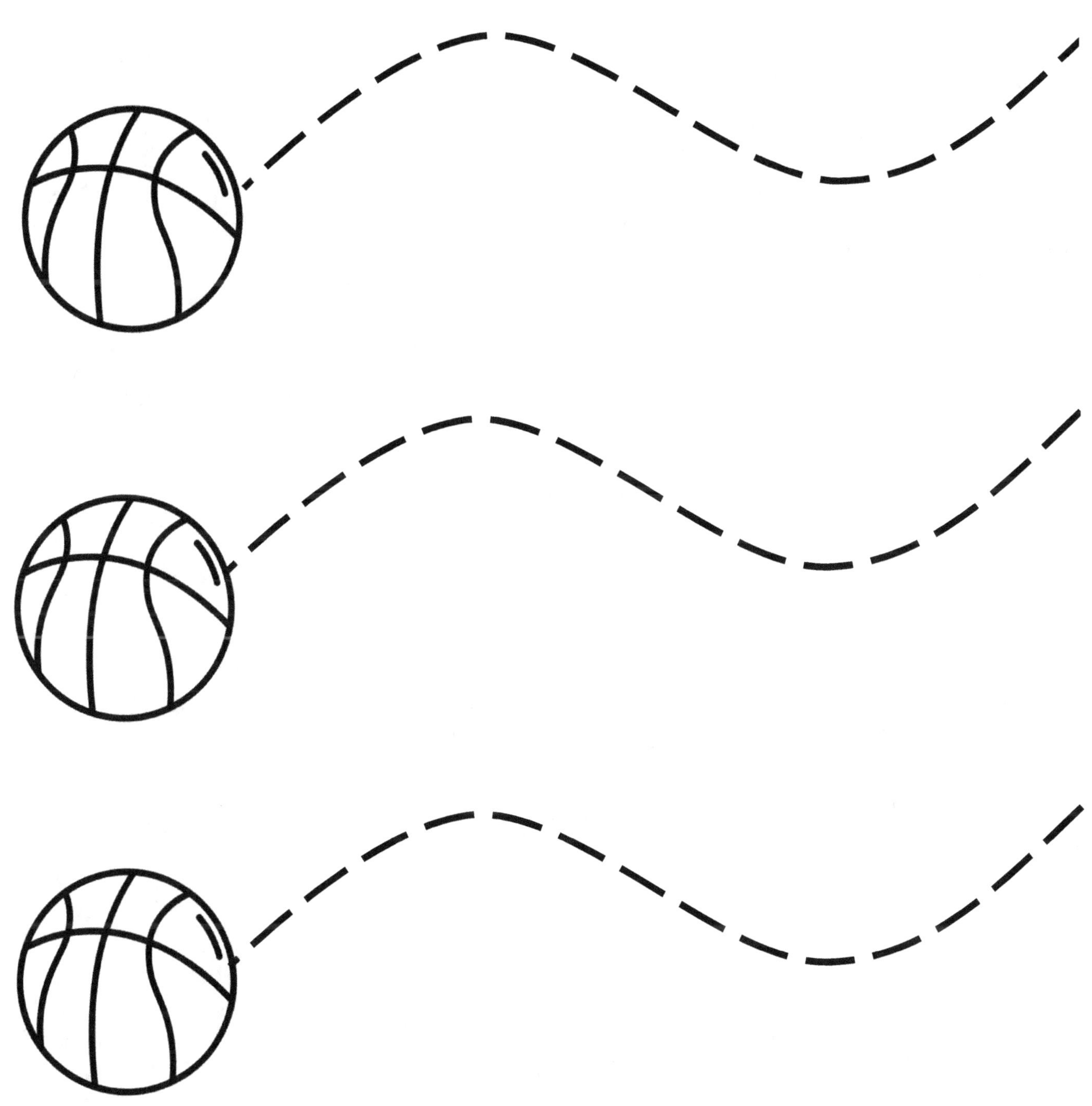

SCHNITT LINIE

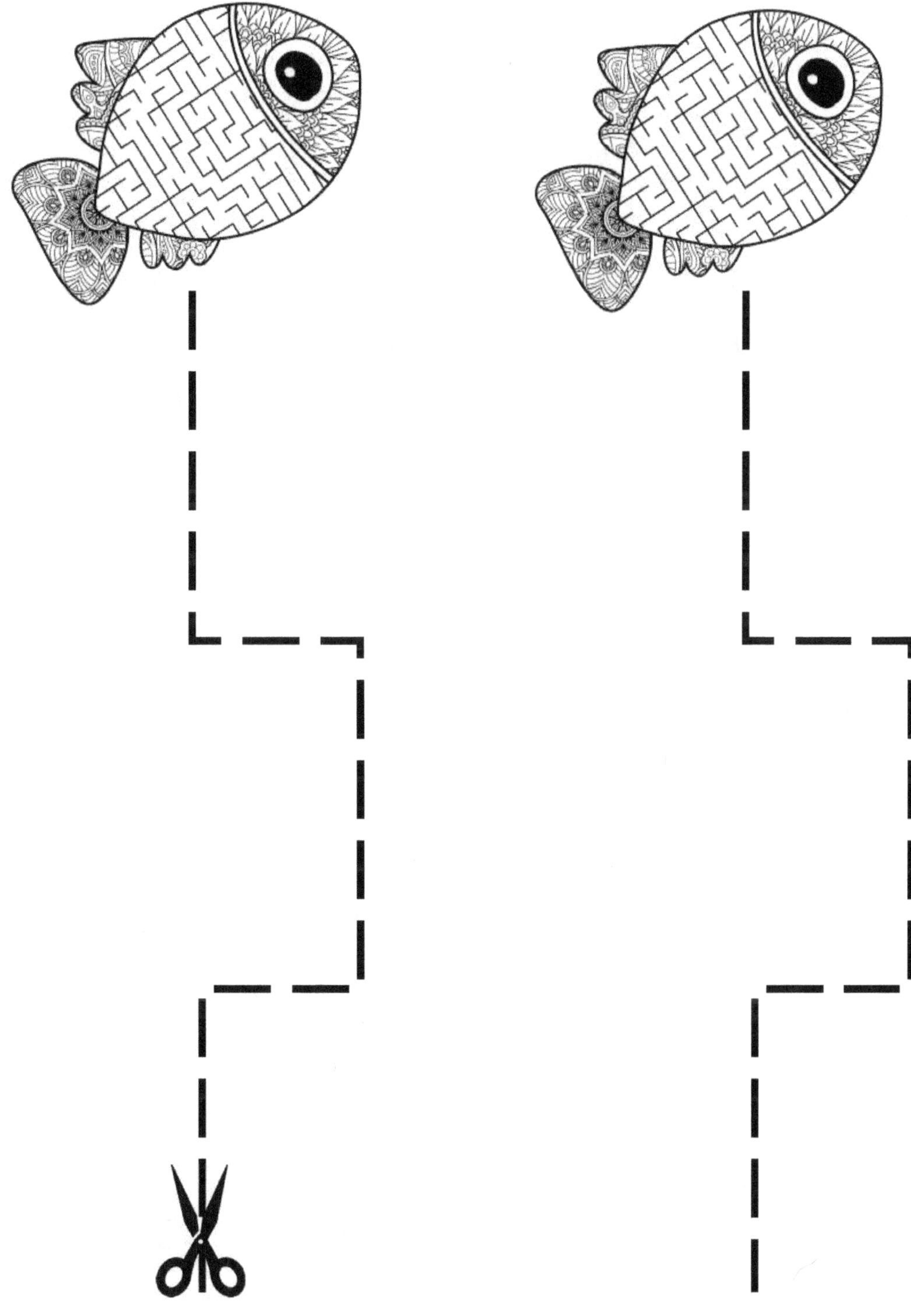

SCHNITT LINIE

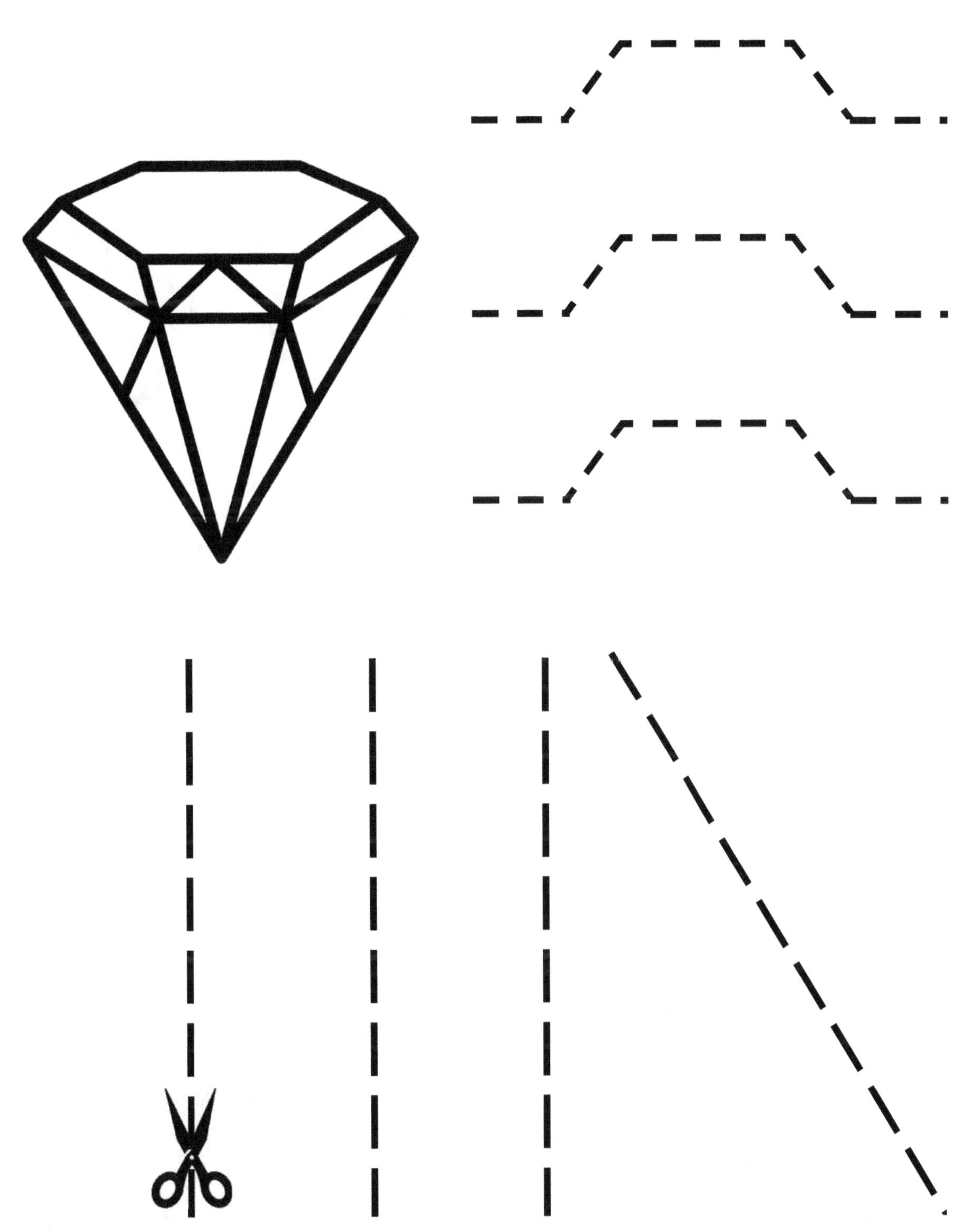

SCHNITT LINIE

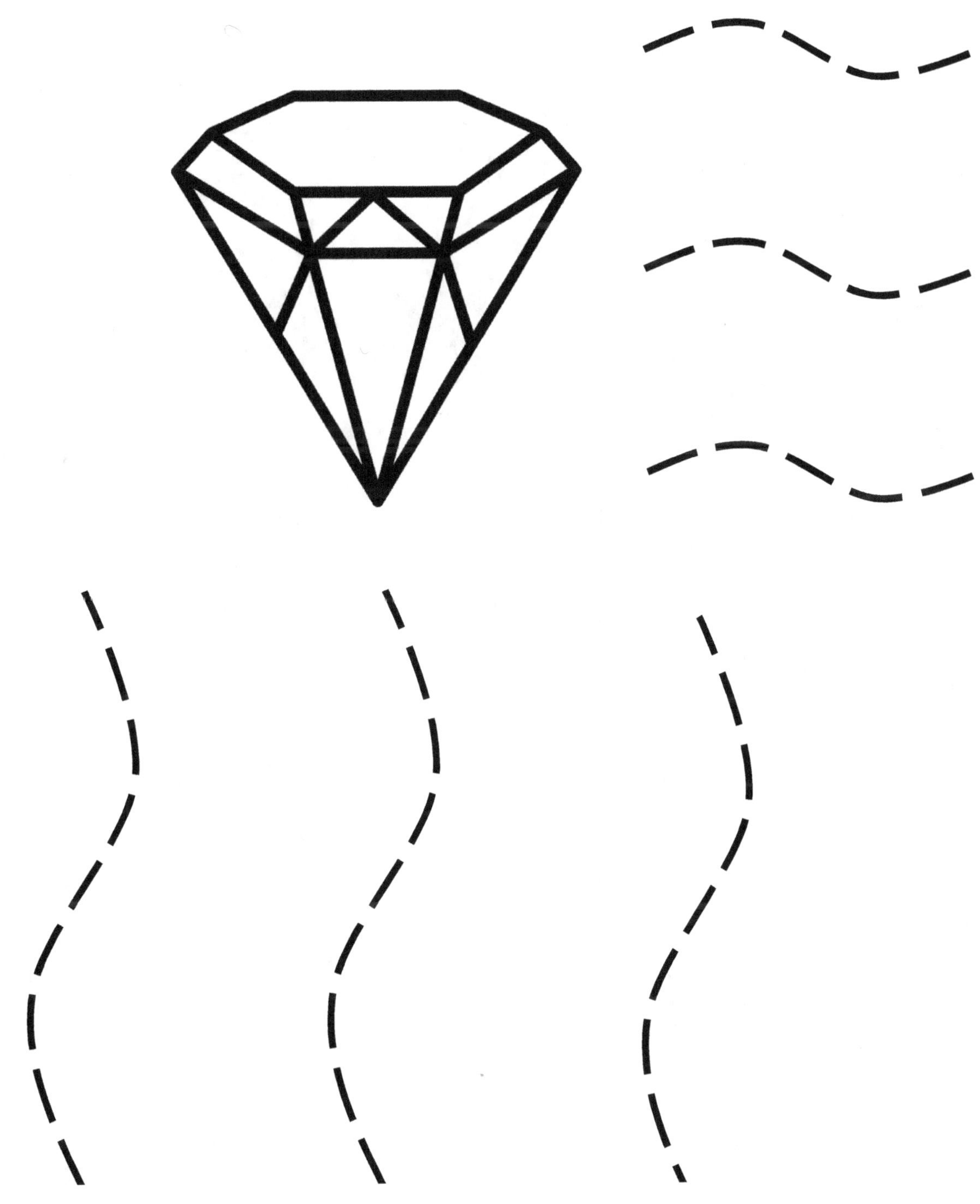

SCHNITT LINIE

1 2 3 4

SCHNITT LINIE

1

2

3

4

SCHNITT LINIE

1

2

3

4

SCHNITT LINIE

1

2

3

4

SCHNITT LINIE

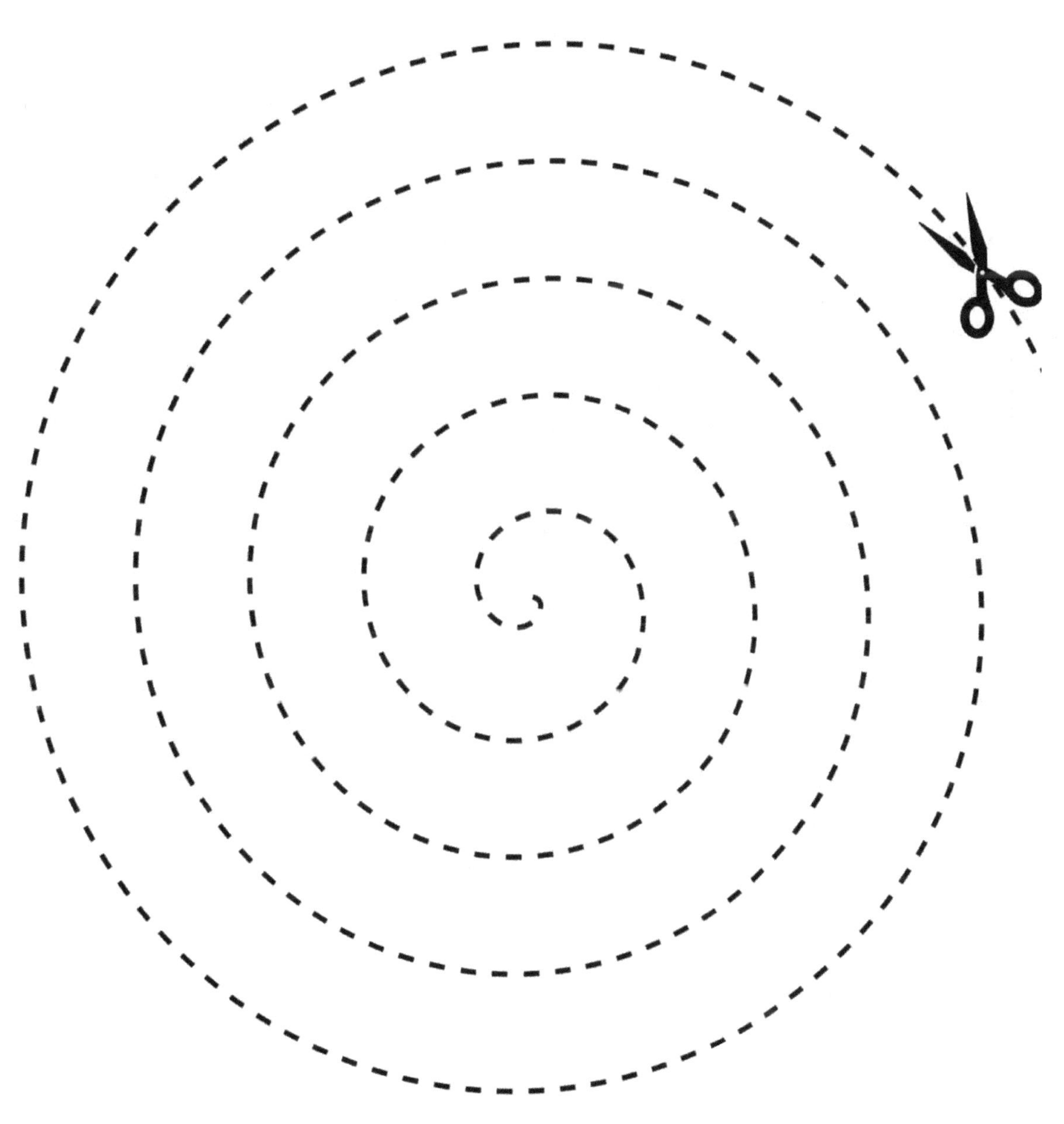

SCHNITT LINIE

QUADRAT

SCHNITT LINIE

DREIECK

SCHNITT LINIE

KREIS

SCHNITT LINIE

STAR

SCHNITT LINIE

OVAL

SCHNITT LINIE

DIAMANT

SCHNITT LINIE

PENTAGON

SCHNITT LINIE

PAC MAN

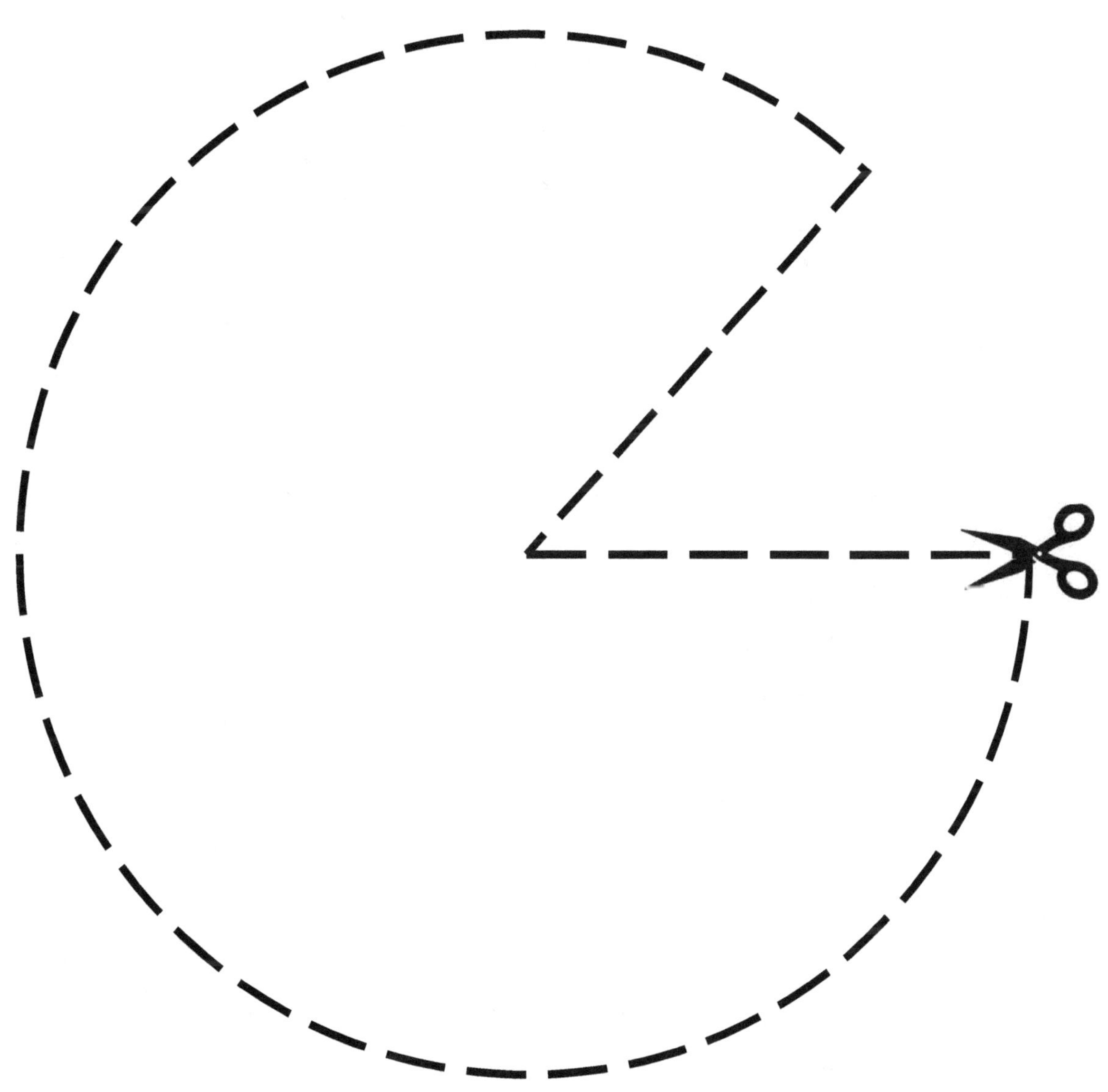

CUTTING LINE

HERZ

SCHNITT LINIE

SCHNITT & EINFÜGEN

ROTE BEETE

<table>
<tr><td align="center">Paste</td><td align="center">Cut</td></tr>
</table>

SCHNITT & EINFÜGEN

PAPRIKA

SCHNITT & EINFÜGEN

Paste

Cut

SCHNITT & EINFÜGEN

ZITRONE

<table>
<tr><td>Paste</td><td>Cut</td></tr>
</table>

SCHNITT & EINFÜGEN

PILZ

Paste	Cut

SCHNITT & EINFÜGEN

EI

Paste | Cut

SCHNITT & EINFÜGEN

ORANGE

Paste	Cut

SCHNITT & EINFÜGEN

ROSENAPFEL

Paste | Cut

SCHNITT & EINFÜGEN

Paste | Cut

SCHNITT & EINFÜGEN

HASE

Paste

Cut

SCHNITT & EINFÜGEN

FUCHS

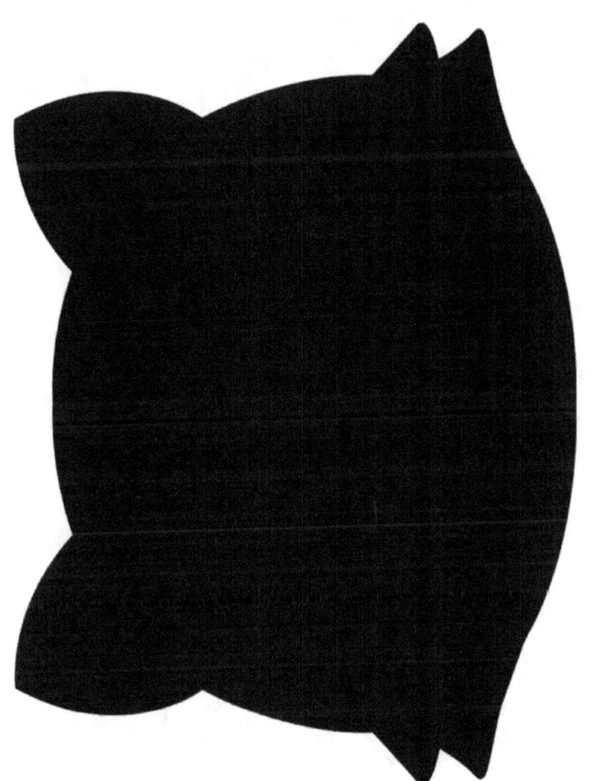

SCHNITT & EINFÜGEN

PANDA

Paste | Cut

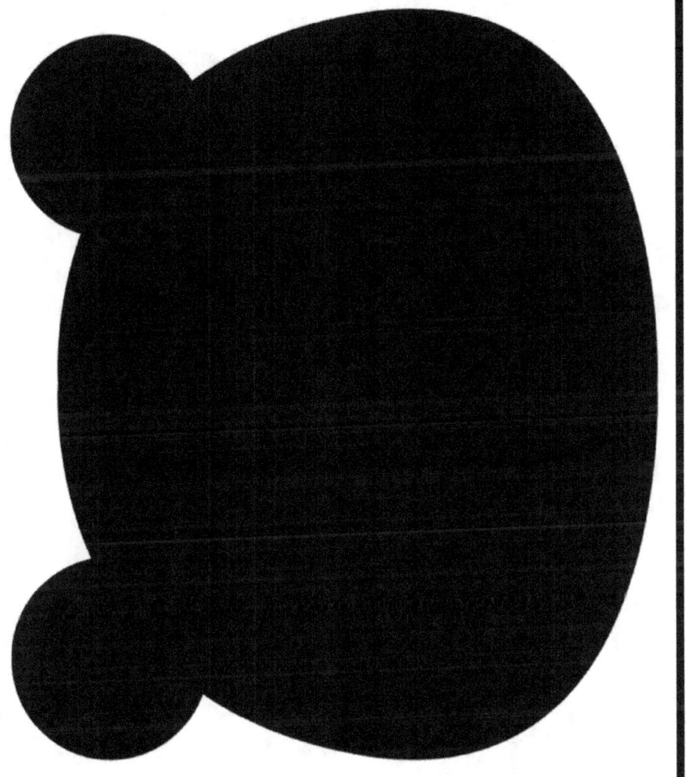

SCHNITT & EINFÜGEN

HIRSCH

Paste | Cut

SCHNITT & EINFÜGEN

schwein

Paste

Cut

SCHNITT & EINFÜGEN

PENGUIN

Paste

Cut

SCHNITT & EINFÜGEN

REGENBOGEN

<table>
<tr><td align="center">Paste</td><td align="center">Cut</td></tr>
</table>

STERNNUMMER

FEHLENDE NUMMER AUSSCHNEIDEN UND EINFÜGEN

	2	3
4		6
7		9

8	5	1

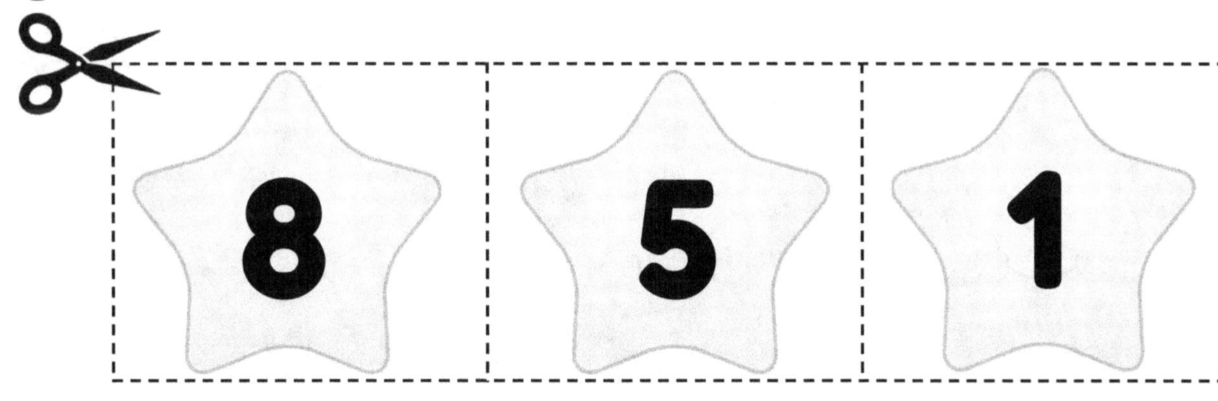

STERNNUMMER

FEHLENDE NUMMER AUSSCHNEIDEN UND EINFÜGEN

1		3
4	5	
7		9

8
6
2

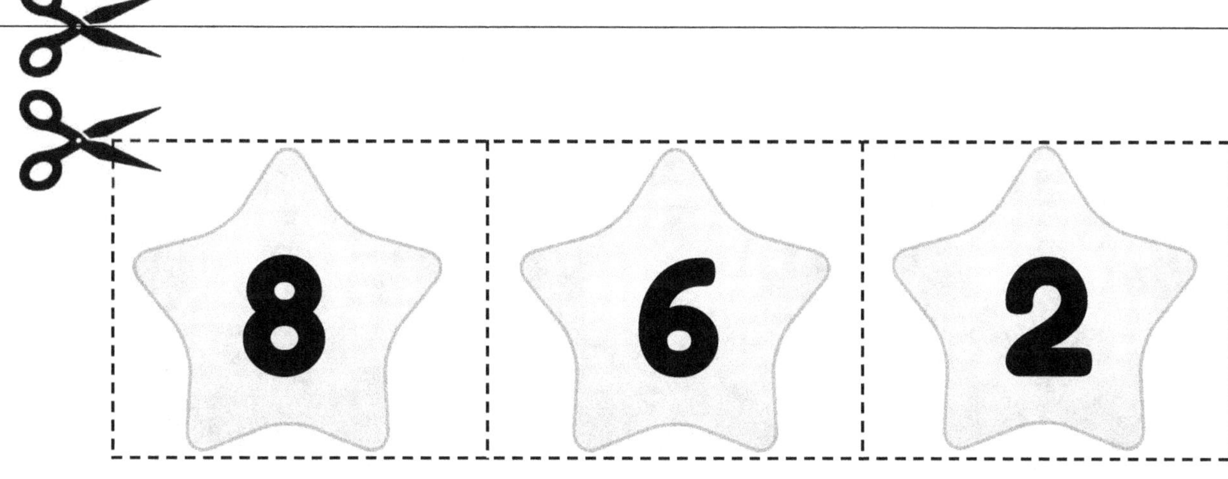

STERNNUMMER

FEHLENDE NUMMER AUSSCHNEIDEN UND EINFÜGEN

1	2	
	5	
7	8	9

4	3	6

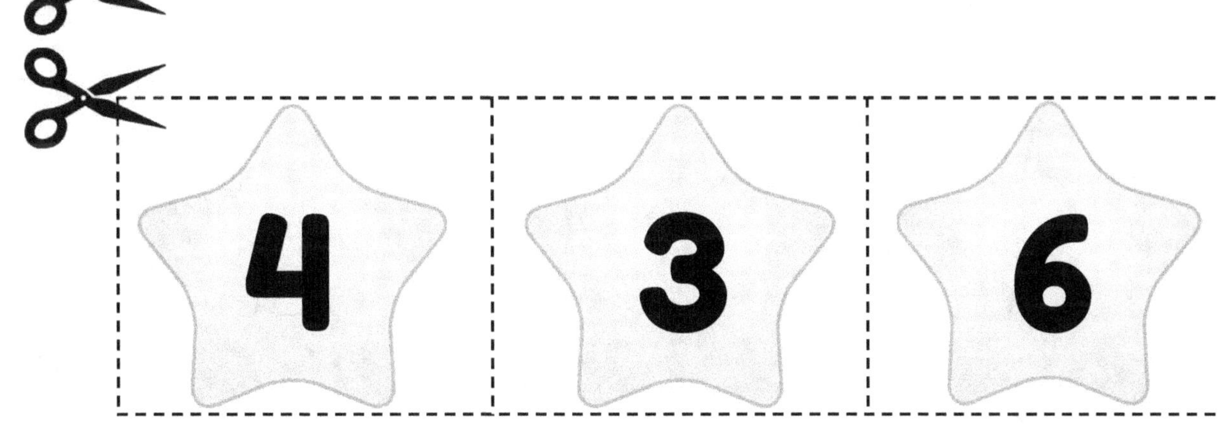

STERNNUMMER

FEHLENDE NUMMER AUSSCHNEIDEN UND EINFÜGEN

A		C
D		
G	H	I

B	E	F

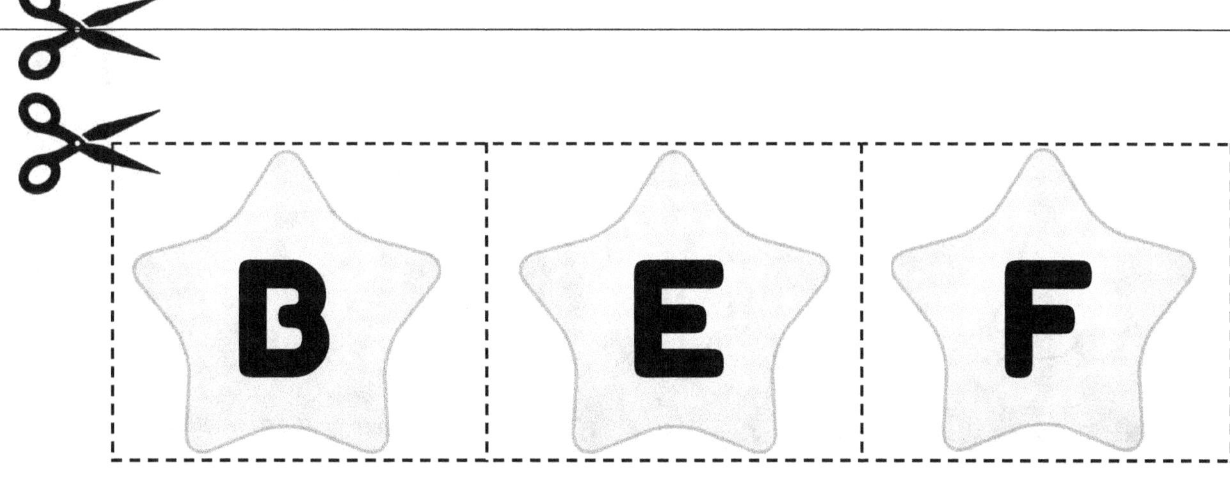

RICHTIGE FORMEN

FEHLENDE FORMEN AUSSCHNEIDEN UND EINFÜGEN

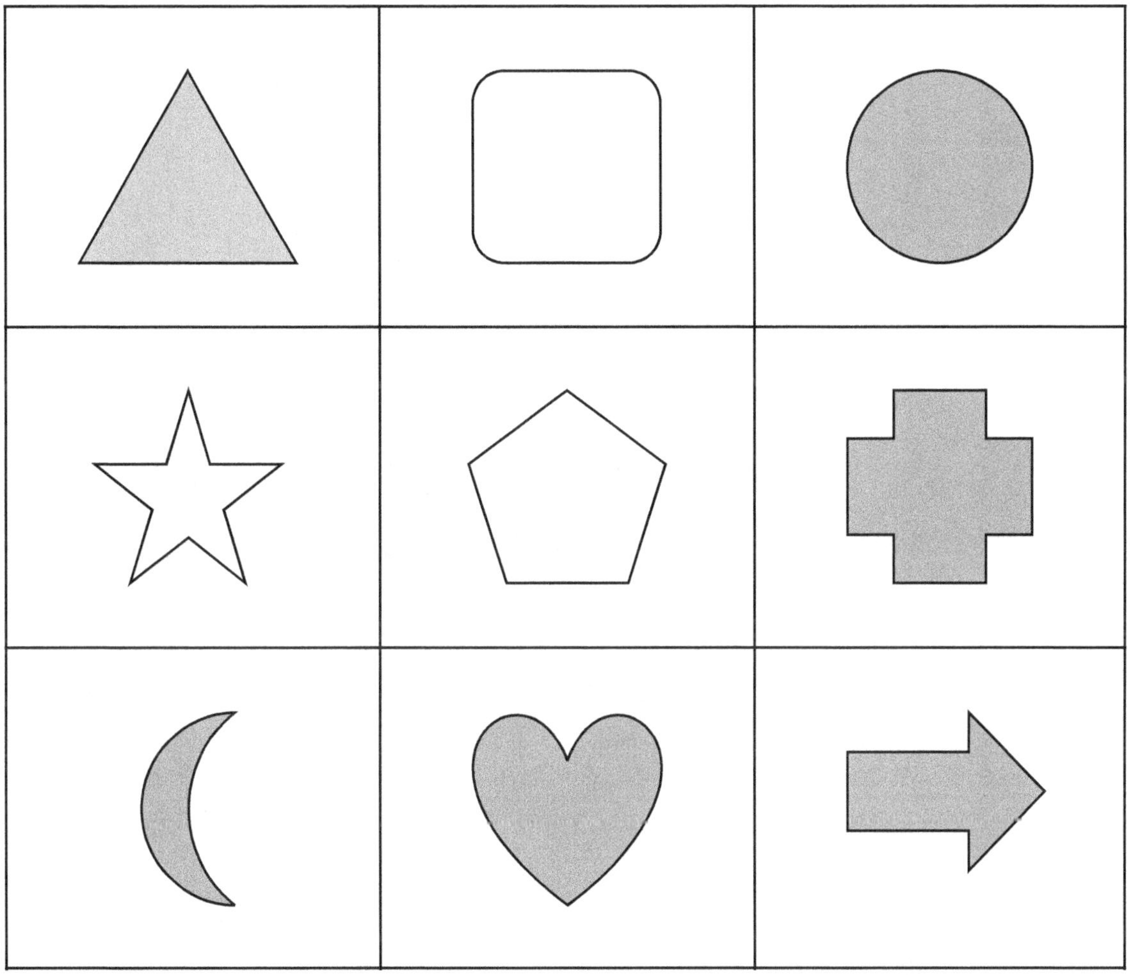

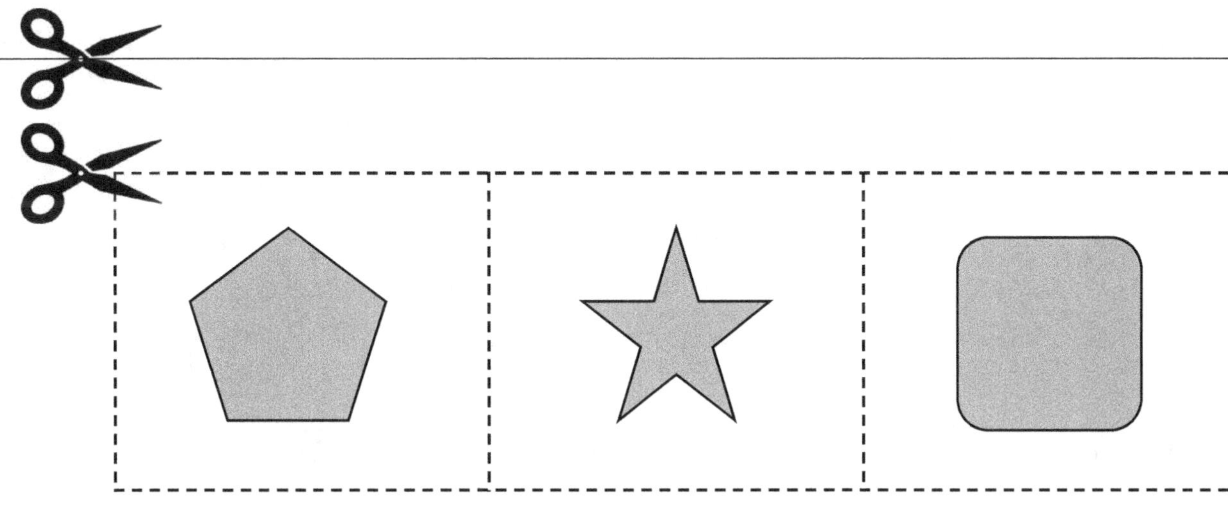

RICHTIGE FORMEN

FEHLENDE FORMEN AUSSCHNEIDEN UND EINFÜGEN

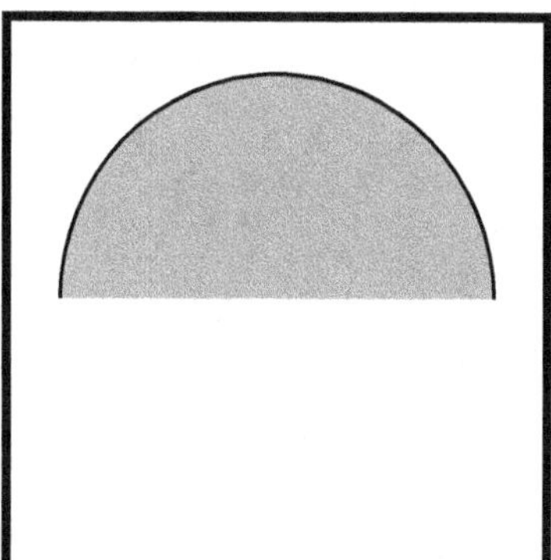

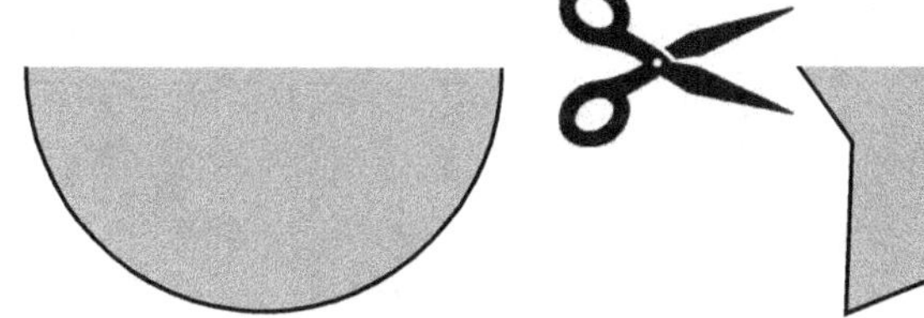

BILD SCHNEIDEN

SCHNEIDEN UND KLEBEN

BILD SCHNEIDEN

SCHNEIDEN UND KLEBEN

BILD SCHNEIDEN

SCHNEIDEN UND KLEBEN

BILD SCHNEIDEN

SCHNEIDEN UND KLEBEN

SCHNEIDEN UND KLEBEN

BILD SCHNEIDEN

SCHNEIDEN UND KLEBEN